KAT103

Austin Rd
1 MILE

JUNK FOOD

JUNK FOOD

LISELOTTE FORSLIN

Edel:Books
Ein Verlag der Edel Germany GmbH

Copyright © 2013 Edel Germany GmbH,
Neumühlen 17, 22763 Hamburg
www.edel.com
1. Auflage 2013

Erstveröffentlichung unter dem Titel
Junk Food – På riktigt!
© Liselotte Forslin
Erschienen bei: Kakao förlag
Stadt Hamburgsgatan 9B
21138 Malmö/Schweden
www.kakao.se

Idee und Konzept: Lars Forslin
Text und Rezepte: Liselotte Forslin
Fotos (Innenteil und Umschlag): Ulrika Ekblom
Layout und Umschlaggestaltung: Jonas Larsson

Projektkoordination der deutschen Ausgabe:
Nina Schnackenbeck
Übersetzung: Julia Gschwilm
Redaktion und Satz der deutschen Ausgabe:
Thomas Rath für bookwise, München

Druck und Bindung: optimal media GmbH,
Glienholzweg 7, 17207 Röbel / Müritz

ISBN 978-3-8419-0229-0

SPEISEKARTE

FETTIG UND SCHLIMMER

Junk Food ist wirklich kein anständiges Essen. Schnell produziert, billig, miese Zutaten und wenig Nährstoffe. Der Müll nach jeder verkauften Portion ist enorm.

Ich bin wirklich kein Essenssnob. Ich esse alles – je einfacher, desto besser. Aber bei einer Sache bin ich penibel: den Zutaten. Es müssen die besten sein und kein Pfusch. Ich esse gern Wurst, Hamburger und Pizza. Aber dann sollen es gute Sachen sein, kein billiges Gemenge, auch wenn ich zugegebenermaßen als Mutter manchmal zu Kreuze krieche und meinen Kindern zuliebe zu ... Sie wissen schon ... gehe.

Ich bereite fast immer gesundes Essen zu. Aber manchmal hat man eben Lust auf etwas richtig Fettiges, Salziges. Am Tag nach einer langen Feier schmeckt einfach nichts so gut wie eine fettige Pizza. Der Körper schreit förmlich nach schnellen Kohlenhydraten, um einen munter zu machen, und nach Salz, um den Mineralstoffhaushalt wieder auszugleichen.

Mein Mann Lars ist ein richtiger Wurstfan und ein Ass im Kochen. Er sagte eines Tages zu mir: „Warum schreibst du nicht ein Buch über Junk Food, und damit meine ich richtiges Junk Food, von Grund auf?!" Damit war die Idee zu diesem Buch geboren.

Wenn man Junk Food essen will, sollte man es richtig tun. Also selbst gemacht, aus den besten Zutaten, die man finden kann. Die Zubereitung darf gern etwas dauern. Trauen Sie sich ruhig, mit ein paar Freunden gegen den Strom zu schwimmen und richtiges „Schrottessen" zu kreieren. Das muss dann auch gar nicht so ungesund sein. Es ist wie mit allem anderen: Isst man es jeden Tag, kann es zu einer ungesunden Gewohnheit werden, aber macht man es ab und zu selbst, wird es bedeutend leckerer und ist zudem aufgrund selbst ausgesuchter Zutaten auch automatisch gesünder.

Ich werde nie vergessen, wie ich zum ersten Mal in ein Burgerrestaurant ging. Es war nach der Boxlegende Floyd Patterson benannt, und Floyd war leibhaftig dort. Wenn man mit dem Springseil 100 Sprünge vor ihm machte, sollte man einen Hamburger gratis bekommen. Ich war 14, machte mich zum Affen, sprang und zählte. Genau 100 Sprünge. Floyd meinte zwar, ich hätte geschummelt, meinen Burger bekam ich trotzdem. Aber ehrlich gesagt, wurde ich kein Fan von Hamburgern oder anderem Junk Food, bis ich mit 20 zum ersten Mal in die USA reiste ... Von dort stammt die Inspiration zu diesem Buch, das aber auch einige typische Fast-Food-Gerichte aus anderen Ländern beinhaltet.

Liselotte Forslin

HAMBURGER

Es gibt viele Geschichten über den Ursprung des Hamburgers, aber dass er aus dem Hamburg des 19. Jahrhunderts stammt und dann in den USA weiterentwickelt wurde, ist so gut wie sicher. Seinen Durchbruch hatte er 1904 bei der Weltausstellung in St. Louis.

Ein richtiger Burger besteht aus grob durchgedrehtem Fleisch, Salz und Pfeffer. That's it. Das Geheimnis ist, das bestmögliche Fleisch zu verwenden, gern frisch durch den Wolf gedreht, und das Hack nicht zu stark zu kneten, denn dann wird der Burger zäh und hart. Statt Rindfleisch können Sie auch Lammhack verwenden oder einen Fischburger aus fettem Fisch wie z. B. Lachs zubereiten. Hühner- und Schweinehack sind auch lecker.

Das Tüpfelchen auf dem i ist natürlich die Sauce. In den USA verwendet man oft Mayonnaise, aber man kann natürlich auch leckere Salsa, Guacamole oder was man sonst mag verwenden, damit der Burger so richtig schön saftig schmeckt. Gern können Sie den Burger zum Schluss zusätzlich noch mit BBQ-Sauce oder einer ähnlich würzigen Sauce bestreichen. Verwenden Sie gutes Brot, und vermeiden Sie die trockenen Armseligkeiten, die es fertig zu kaufen gibt. Backen Sie lieber selbst, oder rösten Sie ein gutes Sauerteigbrot!

EIN RICHTIGER BURGER BESTEHT AUS GROB DURCHGEDREHTEM FLEISCH, SALZ UND PFEFFER. THAT'S IT.

CHEESEBURGER
mit BBQ-Sauce und Bacon

4 Portionen
800 g Rinderhack (Black
   Angus), grob durchgedreht
1 TL Salz
1 TL frisch gemahlener
   schwarzer Pfeffer
100 ml Holy-Smoke-BBQ-Sauce,
   Seite 121
4 dicke Scheiben kräftiger
   Tilsiter
8 Scheiben Bacon
Butter oder Öl zum Braten
4 Hamburger-Brötchen, Seite 22
8 Cocktailtomaten in
   verschiedenen Farben
2 Handvoll schöne Salatblätter,
   gewaschen
1 rote Zwiebel, in Scheiben
   geschnitten
Hamburger-Dressing, Seite 122

Beilagen
Pommes, Seite 91
Selbst gemachtes Ketchup,
   Seite 121

Nichts geht über einen saftigen Cheeseburger mit geschmolzenem Käse und Bacon! Tauschen Sie die stereotypen Burger und plastikartigen Käse der Fast-Food-Ketten gegen eine hausgemachte Hardcore-Variante mit grob durchgedrehtem Fleisch, gern Black Angus. Eine ordentliche Scheibe Käse darauf, und der Abend ist gerettet. Muss ich noch erwähnen, dass die Brötchen aus dem eigenen Ofen kommen und dass der Burger mit selbst gemachten Pommes serviert wird?

Das Hackfleisch mit Salz und Pfeffer mischen und zu 4 schönen Burgern formen. Langsam bei mittlerer Hitze grillen oder braten, auf jeder Seite ca. 5–6 Minuten. Gegen Ende mit BBQ-Sauce bestreichen. Den Käse daraufleegen und die Burger in der Pfanne oder an der Seite des Grillrosts liegen lassen.

Den Bacon braten und auf Küchenpapier abtropfen lassen. Die Brötchen aufschneiden und leicht rösten.

Die Tomaten in Scheiben schneiden und mit Salatblättern und Zwiebelscheiben auf den unteren Brötchenhälften verteilen. Die Burger mit dem Käse daraufleegen, mit Bacon und Dressing abschließen. Mit den oberen Brötchenhälften zuklappen und mit Ketchup und Pommes servieren.

POMMES, SEITE 91

HAMBURGER-BRÖTCHEN, SEITE 22

SELBST GEMACHTES KETCHUP, SEITE 121

4 Portionen
600 g Lammhack
2 EL frisch gehackter
    Rosmarin
1–2 Knoblauchzehen, gerieben
1 TL Salz
Frisch gemahlener schwarzer
    Pfeffer nach Belieben
Butter oder Öl zum Braten

Karamellisierte rote Zwiebeln
2 rote Zwiebeln
1 EL Butter
2 EL Rohzucker

Zum Servieren
50 g gemischte zarte Salatblätter
Olivenöl + cremiger Feigen-
    balsam
Salzflocken
Frisch gemahlener schwarzer
    Pfeffer
8 dünne Scheiben Sauerteigbrot,
    geröstet
100 g cremiger Blauschimmel-
    käse

LAMMBURGER
mit Blauschimmelkäse und karamellisierten roten Zwiebeln

Aber hallo, das ist so lecker, dass man am besten gleich die doppelte Portion macht. Halleluja!

Das Hack mit Rosmarin, Knoblauch, Salz und Pfeffer mischen. 4 Burger formen und flach drücken. Auf jeder Seite ca. 2–3 Minuten braten, dann die Pfanne vom Herd ziehen und die Burger liegen lassen. So garen sie nach.

Die Zwiebeln schälen, in Scheiben schneiden und in der Butter glasig braten. Mit dem Zucker bestreuen und rühren, bis er geschmolzen ist.

Den Salat mit Olivenöl, Feigenbalsam, Salz und Pfeffer anmachen. Auf der Hälfte der Brotscheiben verteilen. Die Burger darauflegen und mit Käse und reichlich karamellisierten roten Zwiebeln bedecken. Salzen und pfeffern und mit dem restlichen Brot servieren.

Junk-Tipp!

Stecken Sie einen Schaschlikspieß von oben durch jeden Burger, das hält sie besser zusammen.

16

CHICKENBURGER
mit Currymayo und Bacon

Es gibt fertiges Hühnerhack, aber nichts geht über selbst durchgedrehtes! Verwenden Sie Fleisch von der Keule, es schmeckt intensiver und beinhaltet etwas mehr Fett als Brustfilets, die trocken sind und sich nicht für Burger eignen. Das Fett wird benötigt, um das Hack zusammenzuhalten und mehr Geschmack zu geben.

Die Mayonnaise mit Curry und Apfel mischen. Vor dem Verwenden eine halbe Stunde im Kühlschrank ziehen lassen.

Das Fleisch abspülen und das wenige Fett daranlassen, es ist wichtig für die Konsistenz. In einer Küchenmaschine häckseln. Das Hack mit Zitronenschale, Salz und Pfeffer mischen. 4 schöne Burger formen. In etwas Butter oder Öl bei mittlerer Hitze auf jeder Seite ca. 6–7 Minuten braten. Kontrollieren, dass sie ganz durchgebraten sind.

Den Bacon braten und auf Küchenpapier abtropfen lassen.

Die Burger mit gerösteten Hamburger-Brötchen, Bacon, Currymayonnaise, Salat und Tomate servieren.

4 Portionen
600 g ausgelöstes Fleisch
   von der Hühnerkeule
Abgeriebene Schale von
   1 unbehandelten Zitrone
1 TL Salz
Frisch gemahlener schwarzer
   Pfeffer
Butter oder Öl zum Braten
8 Scheiben Bacon

Currymayonnaise
Siehe Rezept für Mayonnaise,
   Seite 118
1 TL Curry
1 EL fein gehackter Apfel

Beilagen
4 Hamburger-Brötchen, am
   besten selbst gebacken,
   Seite 22
Salatblätter
6 kleine Tomaten, in Scheiben
   geschnitten

MAYONNAISE, SEITE 118

LACHSBURGER
mit Mangosalsa

Ein Lachsburger ist nie verkehrt. Und er ist weit entfernt von den fettigen Fischburgern, die man im Fast-Food-Laden bekommt. Achten Sie darauf, die Burger nicht zu lange zu braten, sonst werden sie trocken. Wenn ein leicht roher Kern bleibt, ist der Burger perfekt. Eine frische Mangosalsa mit scharfer Note bringt Schwung in die Geschmacksknospen. Brot ist eigentlich überflüssig, kann aber dazu serviert werden.

Den Lachs in große Stücke schneiden und in der Küchenmaschine zu einer Farce mixen. Die rote Zwiebel fein hacken und zusammen mit Senfkörnern, Salz und Pfeffer einrühren. Die Farce während der Zubereitung der Salsa bei Zimmertemperatur ruhen lassen.

Die Mango schälen und fein würfeln, die Chili längs halbieren, entkernen und fein hacken. Mit Koriander und Salz mischen.

Die Burger auf jeder Seite ca. 3 Minuten braten. Mit Salsa, Avocadoscheiben und evtl. Brot und Mayonnaise servieren.

4 Portionen
700 g Lachsfilet, haut- und
  grätenfrei
½ rote Zwiebel
½ TL leicht zerstoßene braune
  oder gelbe Senfkörner
1 TL Salz
Frisch gemahlener weißer
  Pfeffer nach Belieben
Butter oder Öl zum Braten

Mangosalsa
1 reife Mango
1 Chilischote
3 EL frisch gehacktes
  Koriandergrün
Knapp ¼ TL Salz

Beilagen
1 Avocado, in Scheiben
  geschnitten
Evtl. Sauerteigbrot in dünnen
  Scheiben, geröstet
Gern etwas Mayonnaise

10 Stück
25 g Hefe
25 g Butter
250 ml Milch
½ TL Salz
½ TL Zucker
425 g Weizenmehl Typ 550
1 TL Kurkuma (kann
    weggelassen werden)
1 Ei, verquirlt
1 EL Sesamsamen

KLASSISCHE HAMBURGER-BRÖTCHEN

Fluffig, weich und mit Sesam – genau wie ein klassisches Hamburger-Brötchen sein soll. Es hält die Füllung zusammen und macht den Hamburger leicht essbar.

Die Hefe in die Schüssel einer Küchenmaschine bröckeln. Die Butter in einem Topf schmelzen, die Milch hineingießen und umrühren. Die Flüssigkeit sollte 37 °C haben. Am besten ein Thermometer verwenden. Die Flüssigkeit über die Hefe gießen, die Maschine einschalten und laufen lassen, bis die Hefe sich aufgelöst hat. Salz und Zucker und fast das ganze Mehl sowie die Kurkuma nach und nach hinzufügen. Die Maschine 10 Minuten laufen lassen. Den Teig mit einem Geschirrtuch abdecken und 40 Minuten gehen lassen.

Den Teig mit dem Rest des Mehls leicht kneten. In 10 Teile teilen und zu Kugeln rollen. Die Kugeln auf ein mit Backpapier bedecktes Backblech legen und etwas flach drücken. Ein Geschirrtuch darüberlegen und die Brötchen weitere 30 Minuten gehen lassen.

Den Ofen auf 225 °C vorheizen. Die Brötchen mit dem verquirltem Ei bestreichen und mit dem Sesam bestreuen. Auf der mittleren Schiene des Ofens 10–12 Minuten backen, bis die Brötchen Farbe bekommen. Vor dem Aufschneiden auf einem Gitter abkühlen lassen.

TEXMEX

in gemütlicher Freitagabend ist für viele Familien in Schweden auf ewig mit Tacos auf dem Fernsehsofa verbunden. Hat man Kinder, ist es schwer, dem zu entgehen. Aber wenn Sie es wagen, über das Taco-Kit aus dem Supermarkt hinauszugehen und mit etwas interessanteren Zutaten als Hackfleisch und Taco-Mix aus der Tüte zu experimentieren, kann ich Ihnen für die Zukunft bedeutend spannendere Taco-Abende versprechen.

Man darf Texmex nicht mit mexikanischem Essen verwechseln. Die mexikanische Küche hat sich im Zuge der Einwanderung aus Mexiko mit der amerikanischen vermischt und ist zu einer ganz neuen Art der Esskultur avanciert. Leider wurde sie in den Texmex-Ketten schrecklich verunstaltet, kann aber, wenn man selbst kocht, richtig gut sein.

Fisch, Krustentiere, Fleisch und Hühnchen bekommen den speziellen Texmex-Charakter durch Koriander, Limetten, Kreuzkümmel und Chilis. Tomaten, Avocados, rohe Zwiebeln und Mangos gleichen die Schärfe aus. Zusammen mit frisch gebackenen Tortillafladen und eiskaltem mexikanischem Bier haben Sie das perfekte Texmex-Erlebnis.

In Schweden werden massenhaft Crème fraîche und Sauerrahm hinzugefügt, was mexikanisches Essen aber nur schwer und klebrig macht. Trauen Sie sich etwas anderes, und probieren Sie eine der folgenden Texmex-Varianten.

TYPISCH FÜR TEXMEX SIND FRISCHER KORIANDER, LIMETTEN, KREUZKÜMMEL, CHILIS, TOMATEN, AVOCADOS, ROHE ZWIEBELN UND MANGOS.

BEEF TACOS
mit Pico de Gallo und Guacamole

Vergessen Sie Hackfleisch mit fertiger Gewürzmischung. Machen Sie richtige Beef Tacos, gewürzt mit Kreuzkümmel und Koriander, und servieren Sie sie mit scharfer Pico de Gallo und Guacamole!

Zu Beginn das Fleisch mit einer Mischung aus Kreuzkümmel, Koriander und Salz einreiben. Auf Zimmertemperatur bringen.
　Währenddessen die Zutaten für die Pico-de-Gallo-Salsa und die Guacamole in zwei verschiedenen Schüsseln mischen.
　Das Fleisch bis zum gewünschten Grad grillen oder braten. Quer in Streifen schneiden. Die frisch gebackenen Tortillafladen mit Salatblättern und Fleisch belegen und mit der Salsa und der Guacamole servieren. Ein paar Spritzer Tabasco passen gut.

TORTILLAFLADEN, SEITE 31

4 Portionen
2 abgehangene Rindersteaks oder Entrecôtes (400 g)
2 TL gemahlener Kreuzkümmel
2 TL gemahlene Koriandersamen
2 TL Salzflocken

Pico-de-Gallo-Salsa
2 große Tomaten, Samen entfernt, gewürfelt
4 Frühlingszwiebeln, in Streifen geschnitten
2 Chilischoten, Samen entfernt, gehackt
½ Bund Koriandergrün, gehackt
Saft von ½ Limette
2 EL Olivenöl

Guacamole
2 reife Avocados, zerdrückt
1 Tomate, Samen entfernt, gewürfelt
½ gelbe Zwiebel, fein gehackt
1 Knoblauchzehe, fein gehackt
½ Bund Koriandergrün, gehackt
Saft von ½ Limette
Ein paar Spritzer Tabasco
1 TL Salzflocken

Zum Servieren
Frisch gebackene Tortillafladen, Seite 31
Salatblätter
Tabasco

Tortillafladen

Refried Beans

Fisch-Tacos

FISCH-TACOS
mit Refried Beans

Eine bedeutend gesündere Variante sind Tacos mit gegrilltem Fisch, Refried Beans und einer frischen Minz-Mango-Salsa.

Die Marinade zusammenmischen. Die Kabeljaufilets in eine flache Form legen und die Marinade darübergießen. Mit Plastikfolie abdecken und für 1 Stunde kalt stellen. Den Fisch nach der Hälfte der Zeit wenden.

Alle Zutaten für die Salsa in einer Schüssel mischen. Bei Zimmertemperatur stehen lassen.

Refried Beans: Die Bohnen in einem Sieb abspülen und abtropfen lassen. Den Bacon in Öl braten, herausnehmen und auf Küchenpapier abtropfen lassen. Knoblauch und Bohnen in die Pfanne geben. Die Bohnen braten und mit einem Löffel zerdrücken. Den Bacon zerbröckeln und untermischen. Mit Brühe zu einer cremigen Konsistenz verdünnen. Mit Chili, Salz und Pfeffer abschmecken. In eine Schüssel geben und mit Koriandergrün garnieren.

Den Fisch mit Küchenpapier leicht abtupfen und auf jeder Seite für 2–3 Minuten in eine Grillpfanne oder auf den Grill legen, bis er zerfällt, wenn man daraufdrückt. Salzen und pfeffern.

Die Fladen mit den Refried Beans bestreichen, ein paar Fischstücke darauflegen und Salsa darüberlöffeln. Mit Limettenspalten servieren.

TORTILLAFLADEN

Tortillafladen selbst backen ist kinderleicht. Außerdem geht es schnell, denn der Teig muss nicht gehen. Man kann die Fladen nach dem Backen auch frittieren. Sie sollten sofort gegessen werden.

Alle trockenen Zutaten in einer Küchenmaschine mit Messer mischen. Bei laufender Maschine 200 ml Wasser und dann Öl hinzufügen. Den Teig herausnehmen, wenn er geschmeidig ist, und in 12 Stücke teilen. Die Stücke in etwas Maismehl zu Kugeln rollen und 10 Minuten unter einem Geschirrtuch ruhen lassen.

Zu dünnen Fladen ausrollen und in etwas Öl braten, bei mittlerer Hitze ca. 1 Minute pro Seite. Warm servieren.

4 Portionen
500 g Kabeljaufilet
Salzflocken
Frisch gemahlener schwarzer
    Pfeffer

Marinade
50 ml Limettensaft
100 ml Olivenöl
1 TL grüner Tabasco
1 TL Salz

Minz-Mango-Salsa
1 Mango, geschält und gewürfelt
2 Tomaten, gewürfelt
2 Frühlingszwiebeln,
    in Scheiben geschnitten
3 EL gehackte Minze
1 TL Salzflocken

Refried Beans
400 g Kidneybohnen, gekocht
2 Scheiben Bacon
2 EL Olivenöl
1 Knoblauchzehe, gehackt
150 ml Hühnerbrühe
Chiliflocken, Salzflocken
    und frisch gemahlener
    schwarzer Pfeffer
Frisches Koriandergrün zur
    Dekoration

Zum Servieren
Limettenspalten

Tortillafladen, 12 Stück
150 g Maismehl
175 g Weizenmehl
1 TL Backpulver
1 TL Salz
50 ml neutrales Öl, z. B. Rapsöl
Öl zum Braten

ANGEBLICH WURDE DIE ERSTE PIZZA ENDE DES 19. JAHRHUNDERTS IN NEAPEL GEBACKEN. ANFANGS WAR SIE EIN RICHTIGES ARME-LEUTE-ESSEN.

PIZZA

amma mia, was ist eine richtige Pizza doch lecker! Wenn man sie selbst macht, ist sie natürlich viel besser als im Restaurant um die Ecke. Der richtig eingefleischte Fan backt sie im Pizzaofen oder auf dem heißen Stein. Im normalen Ofen geht es genauso gut, wenn man das Blech vorheizt – so bekommt die Pizza einen knusprigen Boden.

Die Entstehung der Pizza liegt im Dunkeln. In vielen Ländern hat man seit Tausenden von Jahren Brote mit allen möglichen Zutaten gefüllt, die zur Verfügung standen. Anfangs war es ein richtiges Arme-Leute-Essen. Angeblich wurde die erste Pizza in Neapel von Raffaele Esposito gebacken, als Königin Margherita 1889 die Stadt besuchte. Mit Tomate, Mozzarella und Basilikum erhielt sie die Farben der italienischen Flagge.

In Schweden wurde die erste Pizza Ende der 1940er-Jahre in Västerås serviert, wo die Industrie viele italienische Einwanderer angezogen hatte. Groß heraus kam sie, als der bekannte Koch Bengt Wedholm 1968 in seinem Restaurant Östergök in Stockholm Pizza servierte.

Klassische Pizzen, die wir in Schweden haben, sind Margherita, Quattro stagioni, Calzone und andere. Aus der lokalen Pizzeria sind sie für mich ein Notfallessen am Tag nach einer durchfeierten Nacht – gern zusammen mit Cola aus der Dose. Aber wenn man die Pizza selbst macht, ist sie das reinste Gourmetessen. Dann wird der gute italienische Wein herausgeholt, und der Genuss ist perfekt.

Pizzateig, 1 Satz/4 Portionen
25 g Hefe
1 TL Meersalz
1 EL Olivenöl
350 g kräftiges Mehl
(Manitobamehl oder Weizenmehl Type 550)

PIZZATEIG
von der Pike auf

Hier gibt es keine Backmischungen oder Backpulverteige.
Man kann im Turbomodus einen eigenen Pizzateig ansteuern.

Die Hefe in der Schüssel einer Küchenmaschine in 250 ml lauwarmem Wasser auflösen. Meersalz und Olivenöl hinzufügen und die Maschine laufen lassen, bis sich die Hefe ganz gelöst hat. Nach und nach das Mehl hinzufügen und den Teig 10 Minuten von der Maschine bearbeiten lassen. Unter einem Geschirrtuch 30 Minuten auf die doppelte Größe gehen lassen.

Den Teig leicht kneten und in 4 Teile teilen. Ausrollen und flach drücken, bis er so dünn wie möglich ist.

Junk-Tipp!

Sie können den Teig für ein knuspriges Resultat auch kalt gehen lassen. Rühren Sie die Hefe in kaltem Wasser an, und stellen Sie den Teig über Nacht in den Kühlschrank.
Am Tag danach haben Sie einen schönen, geschmeidigen Teig.

MARGHERITA

Raffaele Esposito aus Neapel soll 1889 der Erfinder dieser Pizza gewesen sein. Mit roter Tomatensauce, weißem Mozzarella und grünem Oregano oder Basilikum wurde sie geschaffen, um die italienische Flagge zu imitieren und die Königin Margherita zu ehren, als sie zu Besuch in die Stadt kam.

Den Ofen auf 200 °C Heißluft oder 225 °C Ober-/Unterhitze vorheizen. Ein Blech hineinschieben, damit es heiß wird.

Den Teig in 4 Stücke teilen und auf Backpapier sehr dünn ausrollen. Auf jedes eine dünne Schicht Pizzasauce geben. Den Mozzarella in Stücke reißen, auf der Pizza verteilen und etwas Olivenöl darüberträufeln. Im Ofen ca. 10 Minuten backen. Mit Kräutern, Salz und Chiliflocken bestreuen. Sofort servieren.

4 Portionen
1 Satz Pizzateig, Seite 34
1 Satz Pizzasauce, Seite 42
2 Kugeln Büffelmozzarella
Olivenöl
1 Handvoll frische Oregano- oder Basilikumblätter
2 TL Salzflocken
Chiliflocken (können weggelassen werden)

4 Portionen
1 kg frische Miesmuscheln
2 EL Olivenöl
1 Knoblauchzehe, zerdrückt
200 ml trockener Weißwein
8 gekochte Gambas, Wildfang
2 Kugeln Büffelmozzarella
1 Satz Pizzateig, Seite 34
1 Satz Pizzasauce, Seite 42
3 EL grob gehackte glatte
    Petersilie
Salzflocken

FRUTTI DI MARE

Meeresfrüchte sind so viel mehr als zähe Krabben und schlaffe Muscheln aus der Dose. Verwenden Sie die frischesten Krustentiere, die Sie bekommen können. Ich gebe mich meist mit frischen Miesmuscheln und wilden Gambas zufrieden.

Den Ofen auf 200 °C Heißluft oder 225 °C Ober-/Unterhitze vorheizen. Ein Blech hineinschieben, damit es heiß wird.

Alle beschädigten Muscheln und solche wegwerfen, die sich nicht schließen, wenn man sie auf eine harte Unterlage schlägt. Abspülen und schrubben, evtl. vorhandenen Bart abschneiden. Olivenöl in einem großen Topf erhitzen und die zerdrückte Knoblauchzehe glasig braten. Den Wein hineingießen und bei starker Hitze aufkochen lassen. Hinein mit den Muscheln und abgedeckt ein paar Minuten kochen lassen, bis sie sich öffnen. Die Flüssigkeit abgießen. Die Muscheln, die sich nicht geöffnet haben, wegwerfen.

Die Gambas der Länge nach halbieren und die Schnittflächen rasch in etwas Öl anbraten, damit sie Farbe bekommen. Den Mozzarella in Stücke reißen.

Den Teig in 4 Stücke teilen und auf Backpapier sehr dünn ausrollen. Auf jedes eine dünne Schicht Pizzasauce geben. Den Käse und die Muscheln verteilen. Ca. 10 Minuten backen. Die Pizzen herausnehmen und die Gambas darauflegen. Mit glatter Petersilie und Salzflocken bestreuen. Sofort servieren.

QUATTRO STAGIONI

Wer hat an einem müden Sonntag noch keine „Quattro" nach Hause bestellt? Machen Sie selbst eine mit den besten Zutaten, und erleben Sie einen richtigen „Pizzamoment".

Den Ofen auf 200 °C Heißluft oder 225 °C Ober-/Unterhitze vorheizen. Ein Blech hineinschieben, damit es heiß wird.

Die frischen Artischocken in leicht gesalzenem Wasser mit etwas Zitronensaft ca. 30 Minuten kochen. Herausnehmen und abtropfen lassen. Der Länge nach halbieren. Falls eingelegte Artischockenherzen verwendet werden, braucht man sie nicht zu kochen. Die Krabben schälen, den Schinken in Scheiben und dann in große Stücke schneiden und die Champignons in Scheiben schneiden.

Den Teig in 4 Stücke teilen und auf Backpapier sehr dünn ausrollen. Auf jedes eine dünne Schicht Pizzasauce geben. Den Käse zerrupfen und auf den Pizzen verteilen. Krabben, Schinken, Champignons und Oliven in vier Feldern auf jede Pizza legen. Die Artischocken darauflegen und mit etwas Olivenöl beträufeln. Im Ofen ca. 10 Minuten backen. Sofort servieren.

4 Portionen
2 frische junge Artischocken oder eingelegte Artischockenherzen
Salz
1 Zitronenspalte
500 g ungeschälte Krabben
150 g Schinken am Stück, gern gepökelt und geräuchert
100 g frische Champignons
1 Satz Pizzateig, Seite 34
1 Satz Pizzasauce, Seite 42
2 Kugeln Büffelmozzarella
35 g schwarze Kalamataoliven mit Stein
Olivenöl

PIZZASAUCE

Unglaublich einfach, aber die richtige Tomatensauce macht einen himmelweiten Unterschied auf einer Pizza.

1 Satz, für 4 Pizzen
3 Knoblauchzehen
½ gelbe Zwiebel
3 EL Olivenöl
2 EL Tomatenmark
200 g Pizzatomaten
500 g passierte Tomaten
1 EL gehackter Oregano
Salz
Frisch gemahlener schwarzer
  Pfeffer
Evtl. Zucker

Knoblauch und Zwiebel fein hacken. In Öl glasig dünsten. Das Tomatenmark hinzufügen und unter Rühren 1 Minute anschwitzen lassen. Pizzatomaten und passierte Tomaten dazugeben. Die Pizzatomaten mit einem Löffel zerdrücken. Den Oregano hinzufügen. Bei schwacher Hitze ohne Deckel ca. 15–20 Minuten zu einer dicken Sauce einkochen lassen. Mit Salz und Pfeffer und evtl. 1 Prise Zucker abschmecken.

My Homemade MAYO

SANDWICH

**S**andwiches sind eine clevere Erfindung. Der Earl von Sandwich soll der Urheber dieses Gerichts gewesen sein, daher der Name. Es war in der Mitte des 18. Jahrhunderts: Der Earl war ein Ass im Kartenspiel und hatte keine Zeit, es zu unterbrechen. Was war also praktischer, als das Essen zwischen zwei Scheiben Brot zu legen, die man mit einer Hand verzehren konnte, während man mit der anderen Karten spielte? Das Sandwich war geboren, und es blieb.

In Schweden essen wir meistens sogenannte Open Sandwiches, also belegte Brote ohne eine Scheibe Brot darüber. Und das gern zum Frühstück. Man muss nicht weit reisen, um sie als Mittagessen wiederzufinden: Norwegen hat sein Matpakke – oft ein einfaches belegtes Brot mit Brunost, einem bräunlichen, leicht süßlich und nach Karamell schmeckendem Käse. In Dänemark ist man avancierter und reicht gern das weltberühmte Smørrebrød. In Südeuropa findet man massenhaft Sandwiches, die oft in der Mittagspause verzehrt werden. Weil dieses Buch unter amerikanischem Einfluss entstanden ist, serviere ich Ihnen hier ein paar amerikanische Klassiker und einen herrlichen Italiener.

DER EARL VON SANDWICH SOLL DER URHEBER DIESES GERICHTS GEWESEN SEIN, DAHER DER NAME.

CLUB SANDWICH
– my way

Ein Klassiker, der angeblich aus einem Spielcasino im stylishen Saratoga Springs im Staat New York am Ende des 19. Jahrhunderts stammt. Hähnchen, Bacon, Tomate und Mayonnaise sind der Grundstock dieses Sandwichs, das oft in Dreiecke geschnitten ist. Ich mache ein großes Sandwich mit einem einfachen Brot, backe die Tomaten, würze die Mayo mit Curry und gebe noch milde Avocado und knackige rote Zwiebel dazu.

Den Ofen auf 200 °C Heißluft oder 225 °C Ober-/Unterhitze vorheizen. Die Tomaten in eine ofenfeste Form legen und ca. 5–10 Minuten backen, bis sie Farbe bekommen. Leicht salzen.

Den Bacon in einer Pfanne ohne Fett knusprig braten und auf Küchenpapier abtropfen lassen.

Die Mayonnaise mit dem Curry vermischen und auf das Brot streichen. Ein wenig für die Dekoration aufheben. Die Salatblätter darauflegen. Das Hähnchenfilet in Scheiben darüberlegen. Die Avocado in dünne Spalten schneiden. Avocado, Bacon, Tomaten und rote Zwiebel auf dem Sandwich verteilen. Noch etwas Currymayonnaise daraufgeben, salzen, pfeffern und servieren.

1 Sandwich
4–5 kleine Strauchtomaten
Salzflocken
2 Scheiben guter Bacon
2–3 EL Mayonnaise, am besten selbst gemacht, Seite 118
¼ TL Curry
1 große Scheibe gutes Kastenbrot (Sauerteig), geröstet
3–4 knackige Salatblätter, z. B. Romana-Salatherzen
½ Maishähnchenfilet mit Haut, gebraten
½ Avocado
3–4 Ringe rote Zwiebel
Frisch gemahlener schwarzer Pfeffer

Zum Servieren
Kartoffelchips von bester Qualität

51

1 großes Brot
1 Würfel Hefe
2 TL Salz
1200 g Weizenmehl Type 550
50 ml Olivenöl
15 Cocktailtomaten, halbiert
15 grüne Oliven mit Stein
2 EL Olivenöl + Salzflocken

Belag für 4 Focaccia-Sandwiches
100 g italienische Salami,
	dünn geschnitten
1 Kugel Büffelmozzarella,
	dünn geschnitten
100 g Cocktailtomaten in
	verschiedenen Farben, in
	Scheiben geschnitten
Gutes Olivenöl
Salzflocken
Frisch gemahlener schwarzer
	Pfeffer
Frischer Oregano oder/und
	Basilikum

FOCACCIA
mit italienischer Salami, Büffelmozzarella und Tomaten

Haben Sie die fertigen Focaccia-Sandwiches aus den Cafés satt? Backen Sie selbst, einfacher geht es nicht! Machen Sie daraus ein Sandwich mit luxuriösen Zutaten wie italienischer Salami und echtem Büffelmozzarella, und erleben Sie den Unterschied! Der Rest des Brotes schmeckt, so wie er ist, lecker zu Suppe oder Salat.

Den Ofen auf 200 °C vorheizen. Die Hefe mit Salz und etwas Wasser in der Rührschüssel einer Küchenmaschine auflösen. 800 ml lauwarmes Wasser und Mehl nach und nach dazugeben. Das Olivenöl einrühren. Die Maschine ca. 10 Minuten laufen lassen. Der Teig sollte flüssig sein. Zugedeckt in der Schüssel 30 Minuten gehen lassen.

Den Teig in eine Fettpfanne mit Backpapier geben. Weitere 20 Minuten gehen lassen.

Mit den Fingern kleine Mulden eindrücken und Tomatenhälften und Oliven hineinlegen. Mit dem Öl beträufeln und dem Salz bestreuen. Das Brot ca. 35 Minuten backen. Im abgekühlten Zustand in Quadrate schneiden.

4 Quadrate aufschneiden und Salami, Mozzarella und Tomaten auf den Böden verteilen. Mit etwas Öl beträufeln und mit Salzflocken und Pfeffer bestreuen. Mit Kräutern dekorieren, die Deckel darauflegen und sofort servieren.

PHILLY STEAK SANDWICH

Ein gelinde gesagt nahrhaftes Sandwich mit Wurzeln im Philadelphia der 1920er-Jahre. Perfekt, wenn Sie ein gegrilltes Stück Rindfleisch übrig haben. Dann müssen Sie nur eine leckere Käsesauce zusammenrühren, etwas Zwiebel und Paprika braten, und fertig!

Das Fleisch am besten 1 Stunde vor der Zubereitung aus dem Kühlschrank nehmen. Für die Sauce die Butter erhitzen und die Schalotte glasig dünsten. Die Hitze reduzieren, das Mehl darüberstreuen und unter starkem Rühren Wein und dann Milch hinzufügen. Die Sauce bei schwacher Hitze ohne Deckel 5 Minuten köcheln lassen. Den Käse unterheben, würzen und rühren, bis er geschmolzen ist. Die Sauce warm halten.

Die Baguettes der Länge nach halbieren und kurz im Ofen oder einer Pfanne ohne Fett rösten.

Paprika und Zwiebel in Streifen schneiden und braten, bis sie ein wenig Farbe bekommen. Warm halten.

Das Fleisch in Butter auf jeder Seite ca. 2 Minuten braten. Großzügig salzen und pfeffern und die Pfanne von der Platte ziehen. Das Fleisch auf einem Teller 5 Minuten ruhen lassen, bevor es quer in dünne Scheiben geschnitten wird. Die Schnittflächen salzen und pfeffern.

Fleisch, Paprika und Zwiebel auf dem Baguette verteilen und mit etwas Käsesauce beträufeln. Die obere Hälfte des Baguettes darauflegen und den Rest der Käsesauce dazu servieren. Mit etwas scharfer Sauce würzen.

2 Sandwiches
1 gut abgehangenes Steak mit Fettrand, 200 g
1 rote Paprika
1 grüne Paprika
1 gelbe Zwiebel
Butter zum Braten
Salzflocken
Frisch gemahlener schwarzer Pfeffer

Käsesauce
2 EL Butter
1 kleine Schalotte, fein gehackt
1½ EL Weizenmehl
100 ml Weißwein
300 ml Milch
50 g alter Cheddar, gerieben
Knapp ¼ TL Salz
Frisch gemahlener weißer Pfeffer nach Belieben
Knapp ¼ TL frisch gemahlener Muskat
Scharfe Sauce (Tabasco), so viel Sie aushalten

Zum Servieren
2 kleine Baguettes
Scharfe Sauce (Tabasco)

4 Sandwiches
4 Scheiben Dinkelsauerteigbrot
  mit ganzen Körnern
1 Dose Thunfisch in Öl von
  bester Qualität, 200 g
1 Stange Bleichsellerie
½ kleine gelbe Zwiebel
2 EL Mayonnaise, am besten
  selbst gemacht, Seite 118
1 TL Weißweinessig
Tabasco nach Belieben
Knapp ¼ TL Salz
Frisch gemahlener schwarzer
  Pfeffer
4 Scheiben Cheddar
Evtl. Chiliflocken

Zum Servieren
Gute Tomaten
Selleriegrün

TUNA MELT

Normalerweise strotzend vor Mayonnaise, hier in aktualisierter und bedeutend gesünderer Form. Wir reden von einem proteinreichen Sandwich von höchster Qualität!

Den Ofen auf 225 °C vorheizen. Das Brot leicht rösten. Den Thunfisch abtropfen lassen. Sellerie und Zwiebel hacken und mit Thunfisch und Mayonnaise mischen. Den Essig hinzufügen und mit Tabasco, Salz und Pfeffer abschmecken. Die Creme auf dem Brot verteilen und mit dem Käse belegen. Ca. 10 Minuten überbacken. Mit den Chiliflocken garnieren und mit Tomaten und Selleriegrün servieren.

Junk-Tipp!

Thunfisch muss sorgfältig ausgewählt werden. Achten Sie darauf, dass er mit „delfinfreundlich" gekennzeichnet ist. Es lohnt sich, ein paar Cent mehr für einen guten Thunfisch zu zahlen. Kaufen Sie nur den in Öl, er schmeckt am intensivsten, und achten Sie darauf, dass es schöne, große Stücke sind. Thunfisch in Öl aus dem Mittelmeerraum wird oft in Gläsern angeboten. Sie finden sie normalerweise in einem gut sortierten Supermarkt.

COLE SLAW, SEITE 122

PULLED PORK

Erinnerungen an ein Rodeo im Nordwesten der USA: Zwei alte Männer mit Cowboyhut schöpften Pulled Pork auf Brot und verkauften es für einen Dollar. Der Name des Gerichts zielt darauf ab, dass man das Fleisch mit einer Gabel „auseinanderzieht", wenn es fertig ist, weil es so mürbe ist. Das ultimative Gericht, wenn Gäste kommen. Fünf Stunden im Ofen geben Ihnen massig Zeit, das Fest vorzubereiten.

Den Ofen auf 125 °C vorheizen. Das Fleisch abspülen und trocken tupfen. Die trockenen Zutaten vermischen und das Fleisch damit einreiben. Etwas Öl in einen großen, ofenfesten gusseisernen Topf geben. Das Fleisch hineinlegen. Die Zwiebeln schälen und in Spalten schneiden, die Knoblauchzehen schälen und rundherum legen. Barbecuesauce und Brühe über das Fleisch gießen. Den Deckel darauflegen und das Fleisch im unteren Teil des Ofens 5 Stunden stehen lassen. Wenn es fertig ist, sollte man nur mit einer Gabel am Fleisch ziehen müssen, damit es auseinanderfällt.

Die Brötchen halbieren und mit Fleisch füllen. Mit den Beilagen servieren.

8–10 Portionen
2 kg Schweinerücken mit Knochen
2 EL Salzflocken
1 TL frisch gemahlener schwarzer Pfeffer
1 EL geräuchertes Paprikapulver
Öl zum Braten
2 gelbe Zwiebeln
1 Knoblauchknolle
500 g rauchige Barbecuesauce, am besten selbst gemacht, Seite 121
200 ml kräftige Fleischbrühe

Zum Servieren
Brötchen oder weiche Tortillafladen
Gegrillter Mais
Cole Slaw, Seite 122

WURST

Ein verschrienes Metzgereiprodukt, das einen besseren Ruf verdient. Aber das Blatt beginnt sich glücklicherweise zu wenden. Fakt ist, dass selbst gemachte Wurst gerade voll im Trend liegt.

Es gibt zwei Dinge in der Küche, die ich als Food-Journalistin furchtbar schwierig finde: Eier kochen und Wurst zubereiten. Das misslingt mir meistens. Aber jetzt bin ich bei meinem Koautor, also meinem Mann, in die Wurstschule gegangen.

Es heißt, dass die Wurst entstanden ist, weil man nach dem Schlachten so viel wie möglich vom Tier bewahren wollte. Gesalzenes Fleisch wurde in die Därme gestopft und langsam geräuchert. Ganz einfach Wurst!

Das Wort „Hot Dog" soll von einem deutschen Einwanderer in den USA stammen, der am Ende des 19. Jahrhunderts Wurst im Vergnügungspark auf Coney Island in Brooklyn, New York, verkaufte. Die Form der langen Wurst erinnerte an einen Dackel, daher der Name „Dog".

In den USA isst man Hot Dogs gern mit Mayonnaise, Sauerkraut, rohen Zwiebeln, Senf und Ketchup. Es gibt auch die etwas suspekte Variante Corn Dog (Würstchen mit frittiertem Maisteig rundherum) und den Chili Dog (Würstchen im Brot mit Chili con Carne und Käse).

Wurst kann genauso schrecklich wie wunderbar lecker sein. Ich werde niemals die spanische schwarze Wurst vergessen, die ich vor rund 30 Jahren bei einer Frau in einem kleinen Haus in Südspanien probieren durfte. Sie war mit Bohnen und Fleisch gefüllt, und sie hatte sie gerade frisch gemacht. Wir konnten nicht miteinander kommunizieren, aber es waren meinerseits auch nicht mehr als ein paar vielsagende Blicke und Seufzer des Wohlbehagens nötig. Ich werde auch nie die leicht fauligen Hot Dogs vergessen, die ich essen musste, um Anfang der 1980er-Jahre ein paar heiße Sommertage in Manhattan zu überleben. Die Fluglotsen streikten, und ich und meine mitreisende Freundin hatten keine Dollars mehr. Mehrere Tage lang gab es nur verdorbene Wurst mit Makkaroni.

Inzwischen ziehen wir mit einem Wurstfüller stolz Darm auf meine gelobte Mitstreiterin in der Küche – die Küchenmaschine –, und heraus kommt eine wunderbare Schöpfung nach der anderen. Mit Knoblauch, Zitrone, Salbei, Fenchel, geräuchertem Paprikapulver …

EIN VERSCHRIENES METZGEREIPRODUKT,
DAS EINEN BESSEREN RUF VERDIENT.

FRISCHE WURST

Italien hat seine Salsiccia in verschiedenen Varianten, Spanien seine Chorizo mit geräucherter Paprika: frische Wurst, die behutsam behandelt und bei schwacher Hitze lange gebraten werden muss. Man kann sie essen, wie sie ist, oder in Scheiben zu einem Pfannengericht braten. Man kann auch den Inhalt herausdrücken, in Krümeln braten und mit Pasta mischen oder auf eine Pizza legen. Frische Wurst lässt sich zudem wunderbar einfrieren.

Alles Fleisch in ca. 2 x 2 cm große Würfel schneiden. Den Knoblauch schälen und fein reiben. Das Fleisch durch den Wolf drehen. Knoblauch, Salz, Pfeffer, 500 ml Wasser und Gewürz nach Belieben hinzufügen und zu einer geschmeidigen Masse verrühren. Einen kleinen Klecks der Masse braten und probieren, ob sie richtig gewürzt ist.

Den Wurstfüller auf die Küchenmaschine montieren. Ca. 1 m Darm abschneiden und über den Wurstfüller ziehen, ungefähr 10 cm außen hängen lassen. Ganz unten verknoten und das letzte Stück auf den Wurstfüller ziehen. Ein paar Deziliter Teig in den Füllbehälter geben und die Maschine starten. Die Masse mit dem Stopfer vorsichtig herunterdrücken und den Teig so in den Darm pressen, dass möglichst viel Luft nach oben herausgedrückt wird. Eine lange Wurst machen, bis der Darm zu Ende ist. Die Masse verdichten und überflüssige Luft herausdrücken. Den Darm so verdrehen, dass ca. 10–12 cm lange Würste entstehen. Zwischen alle Würste an zwei Stellen mit ca. 1 cm Zwischenraum Küchengarn binden, damit man sie auseinanderschneiden kann, ohne dass sie sich öffnen.

Die Würste ein paar Stunden im Kühlschrank ruhen lassen, bevor sie bei schwacher Hitze ca. 15 Minuten gebraten oder gegrillt werden. Man kann sie auch im Ofen garen.

18–20 Würste
1 kg Schweinerücken ohne Knochen
300 g gepökelter Schweinebauch
100 g Bacon
5–6 Knoblauchzehen
1½ EL Salz
1 EL frisch gemahlener schwarzer Pfeffer
Ca. 2½ m Schweinedarm

Beispiele für verschiedene Geschmacksrichtungen
3–4 EL Fenchelsamen, zerstoßen
5–6 EL geräuchertes Paprikapulver + 1–2 TL Tabasco
3–4 EL getrockneter Salbei
3–4 EL getrockneter Thymian
Abgeriebene Zitronenschale

Außerdem
Fleischwolf
Wurstaufsatz für die Küchenmaschine
Küchengarn aus Baumwolle

63

WURST KOCHEN
– ist das so schwierig?

Obwohl ich Kochbuchautorin bin, ist das Kochen von Würsten und Eiern das Schwierigste, was ich kenne. Hier kommt eine „idiotensichere" Wurstschule.

Das Bier in einen weiten Topf gießen. Lorbeerblätter und Pfefferkörner hineingeben. Das Ganze ein paar Minuten sieden lassen und aufpassen, dass es nicht kocht. Den Topf zur Seite stellen und die Würste hineinlegen. Den Deckel drauf, 5 Minuten warten. Fertig! Ist das so schwierig?

Ca. 5 Würste, z. B. Wiener Würstchen
500 ml helles Bier
3 Lorbeerblätter
5 schwarze Pfefferkörner

GEGRILLTE WURST

mit Sauerkraut und Zwiebeln

Genau wie aus einer Straßenbude in New York

Den Schweinebauch würfeln und im eigenen Fett bräunen.
Das Sauerkraut hinzufügen und etwas Öl darübergießen,
rasch erhitzen. Die Würste braten oder grillen. Die Brötchen
leicht rösten. Jedes Brot einschneiden und 1 Wurst hineinlegen. Etwas Senf, eine ordentliche Portion Sauerkraut und
etwas Zwiebel dazugeben – und reinhauen!

SENF, SEITE 121

SAUERKRAUT, SEITE 70

HOT-DOG-BRÖTCHEN, SEITE 70

4 Portionen
4 Grillwürste von bester
    Qualität, z. B. Lammwurst
    oder selbst gemachte Chorizo
    oder Salsiccia, Seite 63
4 Hot-Dog-Brötchen
2 Scheiben geräucherter
    Schweinebauch
200 g Sauerkraut, Seite 70
100 ml Bier
1 gelbe Zwiebel, gehackt
Grober Senf, Seite 121

Hot-Dog-Brötchen, 24 Stück
75 g Hefe
50 g Butter
600 ml Vollmilch
1 TL Salz
900 g Weizenmehl
1 Ei, verquirlt, zum
   Bestreichen

Sauerkraut, ca. 1 kg
1 l Schwedenmilch (Reformhaus)
1 kg Weißkohl
2 gelbe Zwiebeln
1 EL Kümmel
3 Lorbeerblätter
Evtl. Salzlösung (20 g Salz mit
   1 l Wasser aufkochen und
   abkühlen lassen)

HOT-DOG-BRÖTCHEN

Eigene Hot-Dog-Brötchen sind die Mühe wert. Das Würstchen liegt schön eingebettet in einem Brötchen ohne Zusatzstoffe.

Die Hefe in eine Schüssel bröckeln. Die Butter in einem Topf schmelzen, die Milch dazugießen und auf 37 °C erhitzen. Die Hefe in der Flüssigkeit auflösen und nach und nach Salz und Mehl hinzufügen, während die Maschine läuft oder man per Hand knetet. Den Teig ca. 10 Minuten in der Maschine oder 15 Minuten von Hand bearbeiten. Unter einem Geschirrtuch 30 Minuten gehen lassen.

Herausnehmen und in 24 Stücke teilen. Jedes Stück zu einer Rolle formen und auf ein Blech mit Backpapier legen. Weitere 30 Minuten unter einem Geschirrtuch gehen lassen.

Den Ofen auf 250 °C vorheizen. Die Brötchen mit dem verquirltem Ei bestreichen. In der Mitte des Ofens ca. 10 Minuten backen, bis sie Farbe bekommen haben. Wenn die Brötchen abgekühlt sind, in die Mitte eine Kerbe für die Lieblingswurst schneiden.

SAUERKRAUT

Hygiene ist das A und O, wenn man mit Milchsäure arbeitet. Achten Sie auf gewaschene Hände, saubere Schneidebretter und Messer. Es ist auch wichtig, dass die Gläser gut gespült sind. Alle Zutaten sorgfältig waschen und schälen.

Am Vortag die Schwedenmilch im Kühlschrank durch einen Kaffeefilter laufen lassen, sodass die Molke übrig bleibt. Was im Filter bleibt, kann mit Kräutern und Knoblauch verfeinert als Frischkäse verwendet werden.

Die äußeren Blätter des Kohls wegwerfen. Den Rest in feine Streifen schneiden. Die Zwiebeln schälen und in Streifen schneiden. Alles in einer Schüssel mit Kümmel und Lorbeerblättern mischen und dann in ein großes, sauberes Einweckglas füllen. Die Molke dazugeben und mit Salzlösung auffüllen, falls nicht alles bedeckt ist.

Das Glas 12 Stunden im Kühlschrank und danach 2 Wochen bei ca. 20 °C stehen lassen.

KEBAB UND FALAFEL

Das Einzige, was in diesem Buch nicht so amerikanisch ist, ist das Kapitel über Kebab und Falafel. Wir finden aber, dass es so populäres Fast Food ist, dass wir es einfach nicht weglassen können.

Diese Art von Essen hat ihren Ursprung im Nahen Osten. Das türkische Wort „Kebap" bedeutet „gegrilltes Fleisch". Man verwendet dafür vor allem Lammfleisch. Dünne Streifen werden auf einen Spieß gesteckt und gegrillt. Die griechische Variante „Gyros" wird aus Schweinefleisch gemacht. Heute ist Kebab Pressfleisch mit diversen Zusätzen, das in Zylinderform gebracht und in den hiesigen Buden verkauft wird. Nicht sehr aufregend.

Shish Kebab heißt es, wenn ganzes oder durchgedrehtes Fleisch an kleinen Spießen gegrillt wird. Wenn Sie Kebab selbst machen, dann diese Variante. Mit den richtigen Zutaten wird es unglaublich lecker.

Falafel soll aus Ägypten stammen, wo sie aus Saubohnen gemacht wurde. Andere behaupten, dass ihr Ursprung in Indien liegt. Wie auch immer: Abhängig von den Hülsenfüchten, die es gibt, sind von den frittierten Bohnenbällchen Varianten in verschiedenen Ländern entstanden. Im Mittleren Osten wird Falafel aus eingeweichten, ungekochten Kichererbsen hergestellt. Wahnsinnig lecker, vegetarisch und außerdem eine gute Proteinquelle.

Ganz einfach supergutes Junk Food.

DIESE ART VON ESSEN HAT IHREN URSPRUNG IM NAHEN OSTEN. DAS TÜRKISCHE WORT „KEBAP" BEDEUTET „GEGRILLTES FLEISCH".

72

LAMMHACK-KEBAB

Kebab kann aus in Scheiben geschnittenem, gewürfeltem oder durchgedrehtem Fleisch gemacht werden. Es wird oft mit Sumach zubereitet, einem säuerlichen Gewürz aus einer getrockneten und gemahlenen Beere, das aus der persischen Küche stammt. Dieses Kebab ist so weit vom Pressfleisch der Kebab-Buden entfernt wie nur irgend möglich.

Das Hackfleisch mit Knoblauch, Zwiebel und Gewürzen vermischen. Um den Spieß zu langen Würsten formen. 30 Minuten im Kühlschrank ruhen lassen.

Für die rote Sauce Knoblauch und Zwiebel in einem weiten Topf in Olivenöl glasig dünsten. Tomatenmark und Harissa hinzufügen und rühren, sodass sie kurz mitbraten. Tomaten und Essig dazugeben und 20 Minuten ohne Deckel sieden lassen. Mit Zucker, Salz und Pfeffer abschmecken. Die Sauce mixen und warm oder kalt servieren.

Alle Zutaten für die weiße Sauce vermischen und für mindestens 30 Minuten kalt stellen.

Die Spieße rundherum ca. 4–5 Minuten braten.

Tomatenscheiben, rote Zwiebel und Gurke mit Öl, Essig und Sumach vermischen.

Das Kebab mit gerösteten Pitabrotstücken, dem Salat und den leckeren Saucen servieren. Gern mit Salzflocken und etwas mehr Sumach nachwürzen.

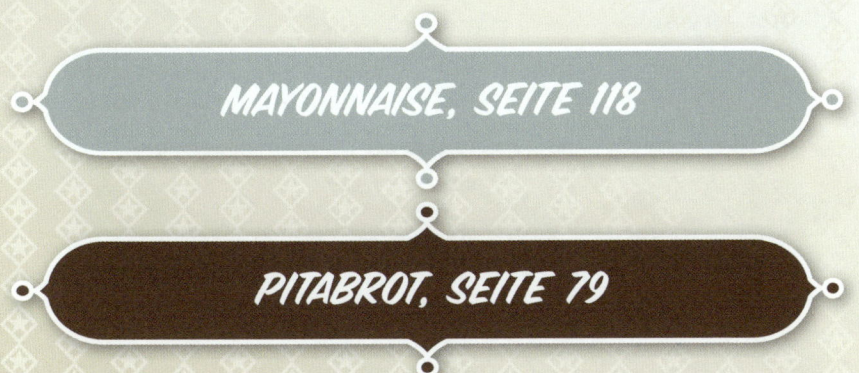

MAYONNAISE, SEITE 118

PITABROT, SEITE 79

8 Spieße/4 Portionen
500 g Lammhack
2 Knoblauchzehen, gerieben
½ gelbe Zwiebel, gehackt
½ TL gemahlener Zimt
1 TL gemahlener Kreuzkümmel
1 TL gemahlener Koriander
½ TL Sumach
1½ TL Salz
Frisch gemahlener schwarzer
 Pfeffer nach Belieben
8 Holzspieße, eingeweicht

Rote Kebabsauce
2 Knoblauchzehen, gehackt
½ gelbe Zwiebel, gehackt
3 EL Olivenöl
3 EL Tomatenmark
1 TL Harissa
500 g Pizzatomaten
1 EL Rotweinessig
1 TL Zucker
Salz
Frisch gemahlener schwarzer
 Pfeffer

Weiße Kebabsauce
100 ml Mayonnaise, Seite 118
200 ml Sauerrahm oder Crème
 fraîche
2 Knoblauchzehen, gerieben

Außerdem
Geröstete Pitabrotstücke, am
 besten selbst gebacken,
 Seite 79
Salat
2 Tomaten, in Scheiben
 geschnitten
½ rote Zwiebel, in Scheiben
 geschnitten
½ Gurke, geschält, entkernt
 und in Scheiben geschnitten
2 EL Olivenöl
1 EL Rotweinessig
½ TL Sumach
Salzflocken

Ca. 16 Stück/4–6 Portionen

250 g getrocknete Kichererbsen
1 gelbe Zwiebel, gehackt
3 Knoblauchzehen, gehackt
20 g glatte Petersilie, gehackt
1 TL Backpulver
2 TL Kreuzkümmel
2 TL gemahlener Koriander
2 TL Salz
1 TL frisch gemahlener
   schwarzer Pfeffer
1 EL Tahini (Sesampaste, aus
   arabischen Lebensmittel-
   läden oder dem Bioladen)
1 Ei
1½ l Frittieröl

Tahinijoghurt

200 ml türkischer Joghurt
2 EL Tahini
1 EL gehackter Dill
1 Knoblauchzehe, gerieben
1 TL Zitronensaft
½ TL flüssiger Honig
1 EL Olivenöl

Tomatensalat

300 g Tomaten, verschiedene
   Sorten
1 kleine rote Zwiebel
2–3 EL gehackte Minze
1 EL Olivenöl
2 TL Rotweinessig
Salzflocken
Frisch gemahlener schwarzer
   Pfeffer

Zum Servieren

Pitabrot, Seite 79
Salatblätter nach Belieben

FALAFEL
im Pitabrot mit Tahinijoghurt und Tomatensalat

Es ist kinderleicht, Falafel selbst zu machen. Das Einzige, worauf Sie achten müssen, ist, beim Frittieren vorsichtig mit dem heißen Öl zu sein.

Die Kichererbsen über Nacht im Kühlschrank einweichen. Den Tahinijoghurt zusammenmischen. Über Nacht kalt stellen.

Für den Salat Tomaten und Zwiebel in Scheiben schneiden und mit Minze, Olivenöl und Essig vermischen. Salzen und pfeffern.

Die Kichererbsen in einem Sieb gut abspülen. Alle Zutaten für die Falafel in eine Küchenmaschine mit Messer geben und zu einer körnigen Masse verarbeiten. Daraus golfballgroße Kugeln formen und ein wenig flach drücken.

Das Öl auf 175 °C erhitzen, mit einem Zuckerthermometer messen oder ein Stück Weißbrot hineinlegen. Wenn es schnell goldbraun wird, ist es heiß genug zum Frittieren. 4 Bällchen auf einmal hineinlegen und ca. 4–5 Minuten frittieren. Auf Küchenpapier abtropfen lassen.

Mit Salatblättern, Tahinijoghurt, Tomatensalat und Pitabrot servieren.

PITABROT, SEITE 79

PITABROT

Füllen Sie Ihr Pitabrot mit ein paar dampfenden Falafelbällchen oder einem Kebabspieß.

Die Hefe mit 500 ml lauwarmem Wasser und Salz in der Schüssel einer Küchenmaschine auflösen. Das Mehl hinzufügen, aber ca. 60 g zum Kneten und Formen aufbewahren. Bearbeiten, bis sich der Teig vom Rand der Schüssel löst. Unter einem Geschirrtuch ca. 1 Stunde gehen lassen.

Den Ofen auf 275 °C vorheizen und ein Blech mit Backpapier hineinschieben. Den Teig in 16 Stücke schneiden und jedes Stück zu einem Fladen in Größe einer Untertasse ausrollen. Das Blech herausnehmen und die Fladen darauflegen, immer ein paar auf einmal. Die Brote ca. 4–5 Minuten backen, bis sie aufpuffen und etwas Farbe bekommen. Herausnehmen und auf einem Rost abkühlen lassen. Aufschneiden und mit Zutaten nach Belieben füllen.

16 Stück
25 g Hefe
1 TL Salz
775 g Weizenmehl

FRITTIERTES

Frittiertes kann für Gesundheitsbewusste wie ein Schimpfwort klingen. Aber es ist so, wie mit allem anderen: Es kommt darauf an, wie viel und wie oft man es isst. Wenn Sie ständig Burgerketten aufsuchen und Frittiertes essen, ist es sicher nicht so gesund. Aber wenn Sie ab und zu selbst frittieren, gute Zutaten verwenden und maßvoll essen, dann können Sie einfach genießen. In einen knusprigen Zwiebelring oder leckere Pommes zu beißen ist einfach wundervoll!

Seien Sie beim Frittieren immer vorsichtig, denn man hantiert ja mit heißem Öl. Lassen Sie hier keine Kinder dabei sein und beim Kochen helfen. Achten Sie darauf, dass das Öl zwischendurch nicht kalt wird. Und noch etwas: Dieses Kapitel hier ist nichts für große Feste, es passt am besten zu kleineren Einladungen. Frittiertes muss ganz frisch gegessen werden.

Laden Sie Freunde zu einem Essen im Stehen um die Fritteuse oder den Topf ein, und essen Sie, wenn alles fertig ist, gleich mit den Fingern. Ein kaltes Bier gehört dazu.

LADEN SIE FREUNDE ZU EINEM ESSEN IM STEHEN UM DIE FRITTEUSE ODER DEN TOPF EIN, UND ESSEN SIE, WENN ALLES FERTIG IST, GLEICH MIT DEN FINGERN. EIN KALTES BIER GEHÖRT DAZU.

FRIED CHICKEN

Knusprig und fettig. Genau so, wie echtes Fried Chicken sein soll.

4 Portionen
2 kg Hähnchenschenkel,
    gern vom Maishähnchen

Marinade
250 ml Schwedenmilch
    (Reformhaus)
2 Knoblauchzehen, gerieben
2 Lorbeerblätter, zerbröselt
¼ TL Chilipulver
1 TL Zucker
2 TL Salz
½ TL frisch gemahlener
    schwarzer Pfeffer

Panade
300 g Weizenmehl
2 Eier, verquirlt
150 ml Milch
1 TL Backpulver
1 TL Salz

Zum Frittieren
2 l Raps- oder Erdnussöl

Zum Servieren
Ranch-Dressing, Seite 118

Die Zutaten für die Marinade vermischen. Die Hähnchenschenkel abspülen, trocken tupfen, in die Marinade legen und mindestens 3 Stunden oder über Nacht marinieren. Ab und an wenden. Ein Blech mit Backpapier unter einen Ofenrost stellen. Die Schenkel zum Abtropfen auf den Rost legen. 30 Minuten warten, damit sie Zimmertemperatur annehmen.

Das Mehl in eine Schüssel geben und in einer anderen Schüssel Eier, Milch, Backpulver und Salz vermischen. Die Hähnchenschenkel in das Mehl, dann in die Eiermischung und dann wieder in das Mehl tauchen. Zurück auf den Rost legen.

Das Öl in einem großen Topf mit dickem Boden erhitzen. Wenn es 175 °C erreicht hat, maximal 3 Stück auf einmal hineinlegen. Die Hitze reduzieren und die Schenkel langsam ca. 15–20 Minuten frittieren. Herausnehmen und zum Abtropfen auf Küchenpapier legen. An der dicksten Stelle einschneiden, um zu kontrollieren, ob das Fleisch durchgebraten ist. Es sollte hell sein, und klarer Fleischsaft muss herauskommen. Wenn es noch zu blass ist, die Hitze erhöhen und noch ein paar Minuten frittieren, bis die Schenkel goldbraun sind. Auf Küchenpapier abtropfen lassen.

Salzen und mit dem Ranch-Dressing servieren.

RANCH-DRESSING, SEITE 118

FRITTIERTE ZWIEBELRINGE

Sowohl in salziger als auch in süßer Geschmacksrichtung sind Zwiebelringe ein fantastischer Snack. Der Frittierteig macht sie knusprig. Sparen Sie hinterher nicht an Salz. Perfekt zu einem kühlen Bier!

Die Zwiebeln schälen und in ca. 7 mm dicke Scheiben schneiden. Die Scheiben in Ringe teilen.

Für den Frittierteig Mehl, Salz und Eigelb verquirlen. Mit dem Bier zu einem klümpchenfreien Teig verdünnen. Das Öl auf 175 °C erhitzen. Mit dem Thermometer messen oder ein Stück Brot hineinlegen, wenn es schnell goldbraun wird, ist es heiß genug zum Frittieren.

Die Zwiebelringe in den Frittierteig tunken und immer ein paar auf einmal frittieren. Auf Küchenpapier abtropfen lassen. Großzügig salzen. Sofort servieren.

4 Portionen
4 gelbe Zwiebeln
1½ l Frittieröl
Salz

Frittierteig
125 g Weizenmehl
Knapp ¼ TL Salz
1 Eigelb
200 ml Bier

87

FISH 'N' CHIPS

Richtig zubereitete Fish 'n' Chips sind so lecker! Stellen Sie sich einen englischen Pub, einen kalten Pint und knusprige Fish 'n' Chips dazu vor – damned good!

Alle Zutaten für die Sauce Tartare zusammenrühren und im Kühlschrank ziehen lassen.

Mehl, Salz und Eigelb miteinander verquirlen und mit dem Bier verdünnen. Den Fisch abspülen, trocken tupfen und in geeignet große Stücke schneiden. Achten Sie darauf, dass keine Gräten mehr drin sind. Die Stücke auf einen Teller legen. Die Kartoffeln vorbereiten (Seite 91).

Das Öl auf 175 °C erhitzen. Mit einem Thermometer messen oder ein Stück Brot hineinlegen, wenn es schnell goldbraun wird, ist es heiß genug zum Frittieren. Die Kartoffeln nach dem Rezept auf Seite 91 frittieren. Die Fischstücke in den Frittierteig tauchen und jeweils ein paar auf einmal 6–8 Minuten frittieren. Auf Küchenpapier abtropfen lassen und salzen. Sofort mit Sauce Tartare und Pommes servieren.

4 Portionen
700 g frisches Kabeljaufilet
2 l Frittieröl

Frittierteig
125 g Weizenmehl
Knapp ¼ TL Salz
1 Eigelb
200 ml Bier

Sauce Tartare
200 ml Mayonnaise, am besten
   selbst gemacht, Seite 118
1 EL gehackte Salzgurke
1 TL französischer Senf
2 Sardellen, gehackt
1 EL Kapern
1 EL fein gehackte Schalotten

Zum Servieren
Pommes, Seite 91

POMMES, SEITE 91

MAYONNAISE, SEITE 118

POMMES

Wenn man schon Pommes isst, sollten es selbst gemachte sein. Man darf sie nicht für zu viele Leute zubereiten, denn sie müssen absolut frisch gegessen werden. Essen Sie sie zu einem Burger oder so, wie sie sind, mit einer guten Mayonnaise.

Die Kartoffeln in zentimeterdicke Stifte schneiden. In ein Sieb legen und sorgfältig abspülen. Die Stifte mit einem sauberen Geschirrtuch trocken tupfen.

Das Öl in einen Topf mit dickem Boden gießen und auf 175 °C erhitzen. Die Kartoffelstifte portionsweise hineinlegen und ein paar Minuten frittieren. Mit einem Schaumlöffel herausnehmen und abtropfen lassen. Die Hitze auf 200 °C erhöhen. Die Stifte noch einmal frittieren, bis sie goldbraun sind. Abtropfen lassen und salzen. Sofort essen.

4 Portionen
1 kg Kartoffeln (5–6 große), festkochend
2 l Raps- oder Erdnussöl
Salz

SALAT

alat ist vielleicht nicht ganz qualifiziert für das Thema Junk Food, aber fertigen Salat in der Plastiktüte gibt es sogar an der Tankstelle zu kaufen. Damit balanciert er inzwischen an der Grenze zum Fast Food. Niemand wird deshalb glücklicher. Hier kommen drei klassische Salate, frisch gemacht. Alle mit den besten Zutaten und selbst gemachten leckeren Dressings.

Cobb's Salad

COBB'S SALAD

Ein klassischer Salat aus dem Hollywood-Restaurant Brown Derby der 1930er-Jahre, dessen Besitzer Robert Howard Cobb hieß. Es ist ein Salat, bei dem gern jede Zutat für sich serviert wird. Hähnchen, Bacon, Ei und Roquefort sind die Hauptzutaten, zusammen mit Salat, Tomate und Avocado. Dazu gehört eine Senf-Vinaigrette.

4 Portionen
2 Maishähnchenfilets mit Haut
1 EL Butter
Frisch gemahlener schwarzer
   Pfeffer
200 g Bacon
2 Eier
100 g Roquefort
2 Salatherzen
2 Avocados
250 g gemischte kleine
   Tomaten
Salzflocken

Vinaigrette
2 EL Rotweinessig
1 EL Zitronensaft
1 TL Worcestersauce
3 EL Olivenöl
1 Knoblauchzehe, gerieben
1 TL Dijonsenf
Knapp ¼ TL Salz

Den Ofen auf 150 °C vorheizen. Die Hähnchenfilets abspülen und mit Küchenpapier trocken tupfen. Die Butter erhitzen und die Filets rundum goldbraun anbraten. Salzen und pfeffern. Im Ofen ca. 20 Minuten durchbraten. An der dicksten Stelle einschneiden, wenn sie fertig sind, läuft klarer Fleischsaft heraus. 10 Minuten ruhen lassen und dann quer in Scheiben schneiden.

Den Bacon in einer Pfanne ohne Fett knusprig braten, auf Küchenpapier abtropfen lassen.

Wasser in einem Topf aufkochen, die Eier hineinlegen und 12 Minuten kochen lassen. Mit kaltem Wasser abschrecken, schälen und aufschneiden.

Den Käse zerbröckeln oder am Stück servieren. Den Salat in Blätter zerteilen, die Avocados in Stücke schneiden und die Tomaten halbieren. Alles in Gruppen auf einen großen Teller oder ein Schneidebrett legen, leicht salzen und pfeffern.

Die Zutaten für die Vinaigrette miteinander verquirlen und servieren.

KRABBEN-COCKTAIL

Zeit, den Krabbencocktail wieder zu Ehren kommen zu lassen. Er hat einen besseren Ruf verdient! Vergessen Sie gefrorene Erbsen, und pimpen Sie den Cocktail mit frischen Zuckererbsen, guten Tomaten, weicher Avocado, etwas Chili und einem selbst gemachten Thousand-Islands-Dressing.

Die Krabben schälen. Die Avocado schälen und würfeln. Den Sellerie in dünne Scheiben schneiden. Die Tomaten halbieren. Die Zuckererbsen 1 Minute in leicht gesalzenem Wasser kochen. Mit eiskaltem Wasser abschrecken und schräg in Streifen schneiden. Die Chili aufschneiden und die Kerne herausschaben. In Streifen schneiden. Alles vermischen und Öl und Zitrone einrühren. Nach Belieben salzen und pfeffern.

Den Salat auf vier Cocktailgläser oder kleine Schüsseln verteilen. Mit Thousand-Islands-Dressing und dem Brot servieren.

4 Portionen
500 g frische Krabben mit Schale
1 Avocado
1 Stange Bleichsellerie
200 g kleine Tomaten in verschiedenen Farben
100 g Zuckererbsen
Salzflocken
1 Chilischote
2 EL Olivenöl
1 EL Zitronensaft
Frisch gemahlener schwarzer Pfeffer

Zum Servieren
Thousand-Islands-Dressing, Seite 118
Sauerteigbrot, geröstet

THOUSAND-ISLANDS-DRESSING, SEITE 118

Salat
2 Romana-Salatherzen
50 g Parmesan, gehobelt

Dressing
1 Ei, zimmerwarm
1 Knoblauchzehe
1 TL Dijonsenf
2 Sardellenfilets
1 EL Zitronensaft
3 Tropfen Worcestersauce
100 ml Olivenöl
25 g Parmesan, fein gerieben
Evtl. etwas Salz

Croûtons
1 kleines Baguette
3 EL Olivenöl
1 TL Salzflocken
Frisch gemahlener schwarzer
  Pfeffer

CAESAR'S SALAD

Ein sagenumwobener Salat, der mexikanischen Ursprungs sein soll. Man sagt, er sei vom Koch Caesar Cardini in Tijuana geschaffen worden. Traditionell wird er direkt am Tisch in einer flachen Holzschüssel zubereitet, sodass der Gast sehen kann, dass die Zutaten für das Dressing echt und ganz frisch sind. Kein Salat wird so verkorkst wie der Caesar's Salad: Leider wird er allzu oft mit gekauftem Dressing serviert. Dabei ist es ja gerade das Dressing, das bei diesem einfachen Salat so wichtig ist.

Für das Dressing viel Wasser in einem kleinen Topf aufkochen und die Hitze reduzieren. Das Ei auf einen Löffel legen, ganz langsam ins Wasser senken und exakt 1 Minute sieden lassen. In einen Mixer oder, falls ein Stabmixer verwendet wird, in eine hohe Rührschüssel aufschlagen. Knoblauch, Senf, Sardellen, Zitrone und Worcestersauce hinzufügen. Glatt mixen. Das Öl dazugießen, zuerst tropfenweise, dann in einem dünnen Strahl bei laufender Maschine. Den Käse untermischen. Falls nötig, mit etwas Salz abschmecken.

Für die Croûtons das Baguette diagonal in sehr dünne Scheiben schneiden. Das Öl erhitzen und das Brot auf beiden Seiten knusprig braten. Salzen.

Das Dressing in eine große Schüssel geben, gern aus Holz, und die Salatblätter unterheben. Mit Croûtons und gehobeltem Parmesan bestreuen. Die Pfeffermühle herumgehen lassen.

SÜSSES

Sind frisch frittierte Donuts, ein mächtiges Banana Split und andere klassische Junk-Food-Desserts nicht lecker?

Kitschig retro sind die Desserts und Süßigkeiten, die wir in diesem Kapitel servieren. Der Initiator dieses Buches wurde von Kindesbeinen an mehr oder weniger mit Banana Split zwangsernährt, als ihm seine halb amerikanische, halb schwedische Tante das Dessert allzu oft unter der Devise „iss, it's good for you" aufzwang. Sie ist heute 104 Jahre alt.

Ich weiß noch, welch wunderbaren Duft der Stand mit den frisch frittierten Donuts im Herbst auf dem Markt verströmte. Wenn Mama gute Laune hatte, durfte man einen kaufen.

Sogar der Abschluss ist selbst gemacht. Wenn man Eis essen will, ist hausgemachtes das beste. Richtig „hardcore" wird es, wenn man Marshmallows selbst kreiert.

Sweet ending!

WENN MAN EIS ESSEN WILL, IST HAUSGEMACHTES DAS BESTE. RICHTIG „HARDCORE" WIRD ES, WENN MAN MARSHMALLOWS SELBST KREIERT.

4 Portionen
½ l Vanilleeis, Seite 106
½ l Schokoladeneis, Seite 106
4 Bananen

Schokoladensauce
200 ml Schlagsahne
200 g dunkle Schokolade,
   60 % Kakaogehalt
Ein paar Salzflocken

Zur Dekoration
200 ml Schlagsahne,
   geschlagen
Frische Kirschen

BANANA SPLIT

Ein fantastisch kitschiges Retro-Dessert, das glücklich macht. Mit den richtigen Zutaten wird es garantiert zum Hit der nächsten Party.

Das Eis zubereiten, siehe Seite 106, am besten am Vortag.

Für die Schokoladensauce die Sahne erhitzen, die Schokolade hineinbröckeln und salzen. Rühren, bis die Schokolade geschmolzen ist.

Die Bananen schälen und der Länge nach halbieren. Auf einen Teller legen, sodass die Hälften mit der Schnittfläche nach oben nebeneinanderliegen. Auf jede 3 große Kugeln Eis geben. Mit der Schokoladensauce beträufeln und die Sahne auf das Eis spritzen oder löffeln. Mit den Kirschen garnieren und sofort servieren.

EIS, SEITE 106

½ l Eis
4 Eigelbe
125 g Zucker
200 ml Vollmilch
300 ml Schlagsahne
1 Vanillestange

Für Schokoladeneis
100 g dunkle Schokolade,
**   70 % Kakaogehalt**

GRUNDREZEPT FÜR EIS

Hier ist ein gutes Rezept für Vanilleeis, das man auch zu Schokoladeneis verwandeln kann. Verwenden Sie, wenn möglich, eine Eismaschine, das gibt das beste Resultat.

Eigelbe und Zucker schaumig schlagen. Milch und Sahne in einen Topf gießen. Die Vanillestange der Länge nach halbieren und die Samen in den Topf schaben. Die ausgeschabte Vanillestange dazugeben. Erhitzen und auf niedrigster Stufe ca. 5 Minuten sieden lassen. Ganz abkühlen lassen, dann die Vanillestange herausnehmen und wegwerfen. Die Vanillemischung mit der Eiermasse mischen und alles in eine Eismaschine füllen. Laufen lassen, bis die Masse eindickt. Abhängig vom Fabrikat der Maschine, kann es sein, dass das Eis noch eine gute Stunde eingefroren werden muss, bevor es servierfertig ist.

Für Schokoladeneis die Schokolade im Wasserbad schmelzen und einrühren, bevor es in die Eismaschine gefüllt wird.

CANDY APPLES

Ein amerikanischer Zuckertraum, der auf Märkten und in speziellen Süßigkeitenläden verkauft wird. Nichts für Tollpatsche, denn die Zubereitung ist nicht ganz ungefährlich! Aber wenn Sie vorsichtig sind, ist es den mutigen Einsatz wert.

Die Äpfel mit heißem Wasser waschen und gut abtrocknen. Die Stiele abschneiden und einen stabilen Stab, z. B. einen Blumenstab, hineindrücken. Die gehackten Pistazien auf einen Teller legen.

Zucker, Sirup, 200 ml Wasser und Salz in einem Topf mit dickem Boden mischen und aufkochen lassen. Ohne Deckel ca. 15–20 Minuten sieden lassen, bis die Masse 154 °C hat. Sie sollte goldbraun und sämig werden. Mit einem Thermometer messen oder einen der Stäbe vorsichtig in die Masse tauchen. Die Zuckermasse sollte auf dem Stab sofort erstarren und goldbraun, glasartig und glänzend sein.

Einen Apfel nach dem anderen in die Zuckermasse tauchen und mit einem langen Metallschöpflöffel übergießen. Vorsicht, die Masse ist wahnsinnig heiß! Die Äpfel in den gehackten Pistazien wälzen und jeden in ein Papierförmchen stellen. Erstarren lassen.

10 Stück
10 Äpfel
10 stabile Stäbe aus Holz,
   z. B. Blumenstäbe
75 g Pistazien, gehackt
425 g Zucker
200 ml weißer Sirup
Knapp ¼ TL Salz
10 Papierförmchen

Junk-Tipp!

Halten Sie die andere Hand hinter dem Rücken, wenn Sie die Äpfel in die Masse tunken, dann kommen Sie nicht in Versuchung, unnötig herumzufingern, und verbrennen sich nicht.

Ca. 17 Stück
+ 17 kleine Zimtbällchen
10 g Hefe
75 g Butter
400 ml Vollmilch
75 g Zucker
Knapp ¼ TL Salz
Abgeriebene Schale von
   1 unbehandelten Zitrone
2 Eier
725 g Weizenmehl
2 l Frittieröl

Glasur
175 g Puderzucker
Lebensmittelfarbe nach
   Belieben
Streusel nach Belieben

Für die Zimtbällchen
3 EL Zucker
2 EL gemahlener Zimt

Ausrüstung
Runde Ausstechform aus
   Metall, 9 cm
Schnapsglas

DONUTS
und kleine Zimtbällchen

Nicht nur die Polizisten in amerikanischen Krimis lieben Donuts. Niemand kann den frisch gebackenen Kringeln mit den farbenfrohen Streuseln widerstehen.

Die Hefe in eine Schüssel bröckeln. Die Butter in einem Topf schmelzen und die Milch dazugeben. Auf Körpertemperatur (37 °C) erwärmen. Die Flüssigkeit über die Hefe gießen und rühren, bis sie sich aufgelöst hat. Zucker, Salz, abgeriebene Zitronenschale und Eier hinzufügen. Gut vermischen. Nach und nach das Mehl hinzufügen. Den Teig geschmeidig kneten und unter einem Geschirrtuch ca. 1 Stunde auf die doppelte Größe gehen lassen.

Den Teig auf eine bemehlte Unterlage legen und zu einer zentimeterdicken Platte ausrollen. Mit der Ausstechform Kreise ausstechen. Mithilfe eines kleineren Ausstechers oder eines Schnapsglases Löcher in die Mitte machen. Unter einem Geschirrtuch auf die doppelte Größe gehen lassen.

Das Öl in einem Topf mit dickem Boden auf 175 °C erhitzen oder eine Fritteuse verwenden. Mit einem Zuckerthermometer messen oder ein Stück Weißbrot hineinlegen. Wenn es sofort goldbraun wird, ist die Temperatur richtig. Immer ein paar Kringel gleichzeitig ca. 2 Minuten frittieren. Auf Küchenpapier abtropfen lassen.

Puderzucker und 2–3 EL Wasser verrühren und nach Belieben färben. Die Glasur darüberträufeln oder die Donuts hineintauchen und mit Streuseln dekorieren.

Zimtbällchen: Auch die mit dem Schnapsglas ausgestochenen Kreise frittieren und in einer Zucker-Zimt-Mischung wälzen.

MARSHMALLOWS

Wirklich lecker und einfacher herzustellen, als Sie glauben. Noch mal Achtung: heißer Zucker! Nichts für Tollpatsche.

Die Flüssigkeit in einer Schüssel mit dem Gelatinepulver mischen. Stehen lassen, während die Zuckerlösung zubereitet wird. Zucker, Sirup und 50 ml Wasser in einem Topf mit dickem Boden mischen und langsam sieden lassen, bis es 130 °C erreicht hat. Ein paar Minuten abkühlen lassen.

Die Gelatinemischung umrühren und die Zuckerlösung unter sorgfältigem Rühren mit dem Rührgerät nach und nach an der Innenseite der Schüssel hinunterlaufen lassen. Darauf achten, dass die Zuckerlösung nicht verspritzt. Wenn sie ganz hineingegossen ist, die Geschwindigkeit erhöhen und schlagen, bis der Teig fluffig wird und lange Fäden zieht, wenn man ihn mit einem Löffel anhebt.

Eine flache, ca. 26 x 20 cm große Form mit Plastikfolie auskleiden. Ein gutes Stück über die Ränder herunterhängen lassen. Die Folie mit geschmacksneutralem Öl bestreichen. Die Masse, die nun sehr klebrig und zäh sein soll, hineingeben. Die Schüssel mit einem eingeölten Gummilöffel auskratzen. Ein eingeöltes Stück Plastikfolie über die Marshmallowmasse legen und in den Kühlschrank stellen.

Nach 2 Stunden die Form herausnehmen und die Marshmallows mit einem eingeölten Messer in Stücke schneiden. Mit Topping nach Belieben bestäuben.

Ca. 36 Stück
125 ml Wasser, Saft oder
   Fruchtsaftgetränk oder
   200 g passierte Himbeeren
25 g Gelatinepulver
425 g Zucker
150 ml heller Backsirup

Außerdem
Geschmacksneutrales Öl
Plastikfolie
Puderzucker, Kokosflocken,
   gefärbter Zucker oder
   Ähnliches zur Dekoration

From the kitchen of: *Florence*
Recipe for: *Chocolate Chip Cookies*
Ingredients: 3/4 cup Crisco
1 1/4 cups. Brown sugar
2 Tablespoons milk
1 " vanilla
1 egg
1 cup flour
1/2 " salt
1 tsp. Baking soda

Florence Dumas

CHOCOLATE CHIP COOKIES

Das Rezept stammt von Florence, einer Freundin meiner lieben Großmutter. In ihrer Küche habe ich viele klassische amerikanische Gerichte gegessen. Von Chocolate Chip Cookies kann man nicht genug kriegen, am besten mit einem Glas kalter Milch dazu.

Den Ofen auf 200 °C vorheizen. Die Butter in Würfel schneiden und zusammen mit dem Zucker in einer Küchenmaschine oder mit dem Rührgerät weich und cremig schlagen. Milch und Ei hinzufügen und noch ein bisschen weiterschlagen. Die trockenen Zutaten vermischen und hinzufügen. Cremig schlagen. Die Schokolade einrühren. Esslöffelgroße Kleckse auf Bleche mit Backpapier geben und 12 Minuten backen. Auf einem Gitter abkühlen lassen.

30 Kekse
200 g Butter
275 g Rohzucker
2 EL Milch
1 Ei
1 TL Bourbon-Vanille
   (gemahlene Vanillestange,
   alternativ Vanillezucker)
200 g Weizenmehl
1 TL Backpulver
½ TL Salz
100 g dunkle Schokolade,
   grob gehackt

ZUTATEN

**K**ein Burger ohne Sauce und kein Salat ohne Dressing. Kein Sandwich ohne Mayonnaise. Keine Wurst ohne Senf oder Ketchup.

Alles hängt von den Zutaten ab. Saucen, Dressings und andere Leckereien machen das ganze Gericht aus. Sie machen es saftig, würzig und herrlich weich. Es gibt natürlich alles in Plastikflaschen oder Dosen zu kaufen, aber es wird so unglaublich viel leckerer, wenn Sie es selbst machen.

Und Sie stimmen mir doch zu – ein bisschen beeindruckt ist man von selbst gemachtem Ketchup oder Mayonnaise doch schon!

Finger licking good!

ALLES HÄNGT VON DEN ZUTATEN AB. SAUCEN, DRESSINGS UND ANDERE LECKEREIEN MACHEN DAS GANZE GERICHT AUS. ES WIRD SAFTIG UND WÜRZIG. FINGER LICKING GOOD!

Mayonnaise
2 Eigelbe
1 TL Dijonsenf
2 TL Zitronensaft
200 ml Olivenöl
Knapp ¼ TL Salz

Ranch-Dressing, 8 Portionen
200 ml Mayonnaise
100 ml Sauerrahm
100 ml Schwedenmilch
   (Reformhaus)
3 EL gehackter Schnittlauch
2 EL gehackte Petersilie
1 EL fein gehackte Schalotte
1 Knoblauchzehe, gerieben
½ TL Salz
¼ TL Zucker
¼ TL frisch gemahlener
   weißer Pfeffer

**Thousand-Islands-Dressing,
8 Portionen**
200 ml Mayonnaise
200 ml Sauerrahm
50–100 ml Chilisauce
1 TL Meerrettich, gerieben
Tabasco oder andere scharfe
   Sauce nach Belieben
Knapp ¼ TL Salz

MAYONNAISE
Grundrezept

Wenn Sie einmal Ihre eigene Mayo zusammengerührt haben, wollen Sie nie mehr gekaufte essen. Sie können sie mit Unmengen von herrlichen Dingen variieren.

Eigelbe, Senf und Zitronensaft in eine hohe Rührschüssel geben. Mit Mixer oder Stabmixer verquirlen. Das Öl zuerst tropfenweise, dann in einem feinen Strahl unter konstantem Mixen hineingeben, bis die Mayonnaise eindickt. Salzen.

RANCH-DRESSING

Als Gemüsedip ein Liebling der Kinder, aber auch lecker zu grünem Salat und frittiertem Hähnchen.

Mayonnaise, Sauerrahm und Schwedenmilch zu einem glatten Dressing vermischen. Die übrigen Zutaten einrühren und mindestens ½ Stunde im Kühlschrank ziehen lassen.

THOUSAND-ISLANDS-DRESSING

Das traditionelle Dressing zu Thunfisch- und Meeresfrüchtesalat. Supereinfach zu machen und weit entfernt von den zähen Varianten, die es aus der Flasche gibt.

Alle Zutaten vermischen und vor dem Servieren ½ Stunde im Kühlschrank ziehen lassen.

Junk-Tipp!

Würzen Sie die Mayonnaise z. B. mit Knoblauch, gehacktem Chili, Raucharoma oder geräuchertem Paprikapulver, Kräutern, Zitronenschale, Kapern, Sardellen, Oliven oder anderen Leckereien.

BBQ-SAUCE

Passt zu gegrilltem Fleisch oder Geflügel. Mmmh!

Zwiebel, Knoblauch, Lorbeerblätter, Pfefferkörner, Kreuzkümmel, Oregano und Olivenöl in einem großen Topf anbraten, ohne dass es Farbe bekommt. Den Rest der Zutaten hinzufügen und bei schwacher Hitze 20 Minuten sieden lassen. Ab und zu umrühren. Abkühlen lassen und in einen sauberen Glasbehälter füllen.

HOLY-SMOKE-BBQ-SAUCE

Muss es immer schwierig sein? Einfach vermischen und einkochen.

Alle Zutaten in einem Topf vermischen. 5 Minuten vorsichtig kochen. Abkühlen lassen und in einen sauberen Behälter füllen.

SENF

Ein einfacher, klassischer Senf, der herrlich schmeckt!

Das Senfpulver in einer Schüssel mit Mehl und Salz vermischen. 150 ml Wasser aufkochen und einrühren. Die Mischung 30 Minuten quellen lassen. Essig, Zucker und Öl einrühren. Den Senf vor dem Verwenden am besten 24 Stunden im Kühlschrank stehen lassen, damit sich der Geschmack entfaltet.

HONIGSENF

Vor allem mit hausgemachter Mayonnaise verrührt superlecker!

Die Senfkörner im Mixer mit 100 ml Wasser und dem Rest der Zutaten zu einer groben Masse mixen. Vor dem Servieren mindestens 24 Stunden im Kühlschrank stehen lassen. Falls er zu dick wird, mit etwas mehr Wasser verdünnen.

KETCHUP

Die Sauce mit dem schlechtesten Ruf kann so lecker sein!

Die Tomaten halbieren und die Samen mit einem Löffel entfernen. In Stücke schneiden. Essig, Lorbeerblätter, Gewürze und Zucker in einen weiten Topf geben und aufkochen lassen. Tomaten, Tomatenmark und Salz hinzufügen und bei schwacher Hitze ohne Deckel ca. 45 Minuten sieden lassen. Ab und zu umrühren.

Das Ketchup im Mixer glatt mixen und zurück in den Topf gießen. Das angerührte Kartoffelmehl hinzufügen. Von der Platte ziehen, wenn die erste Blase zu sehen ist. Abkühlen lassen und in eine Flasche füllen.

BBQ-Sauce, 200 ml
1 Zwiebel, gehackt
1 Knoblauchzehe, gehackt
2 Lorbeerblätter
¼ TL ganze schwarze Pfefferkörner
2 TL Kreuzkümmel
1 TL Oregano
2 EL Olivenöl
1 Flasche Chilisauce
100 ml Apfelessig
175 g Rohzucker
1 TL Salz
1 TL Worcestersauce

Holy-Smoke-BBQ-Sauce, 200 ml
300 ml Ketchup
3 EL dunkler Muscovadozucker
2 EL Apfelessig
2 EL geräuchertes Paprikapulver
2 Knoblauchzehen, gerieben
1 EL Senfpulver
1 TL Chiliflocken
1–2 TL Raucharoma

Senf, 250 ml
100 g Colemans Senfpulver
1 EL Weizenmehl
Knapp ¼ TL Salz
2 EL Weißweinessig
2 EL Zucker
1 EL Olivenöl

Honigsenf, 200 ml
75 g Senfkörner, gern braun und gelb gemischt
1 EL Weißweinessig
2 EL flüssiger Honig
Knapp ¼ TL Salz

Ketchup, 1 l
1½ kg frische, gute Tomaten
200 ml Apfelessig
2 Lorbeerblätter
Knapp ¼ TL gemahlener Zimt
2 Gewürznelken
100 g Rohzucker
100 ml Tomatenmark
1 TL Salz
2 EL Kartoffelmehl, in etwas kaltem Wasser angerührt

Cole Slaw, 4–6 Portionen
250 g junger Weißkohl
1 mittelgroße Karotte
½ Apfel (Granny Smith)
1 EL Apfelessig
2 TL süßer Senf
½ TL Dillsamen
1 EL geriebener Meerrettich
2 EL Mayonnaise, am besten
    selbstgemacht, Seite 118
100 ml Sauerrahm
2 TL Salzflocken
Frisch gemahlener schwarzer
    Pfeffer nach Belieben

Hamburger-Dressing
2 TL Mayonnaise, am besten
    selbst gemacht, Seite 118
200 ml Crème fraîche
3 EL Chilisauce
1 EL gehackte Gewürzgurke
1 TL Dijonsenf
Knapp ¼ TL Salz

Blue-Cheese-Dressing, 8 Portionen
100 g Roquefort
2 EL fein gehackter Apfel
    (Granny Smith, kann weg-
    gelassen werden)
25 g Walnusskerne
½ EL Butter
1 Prise Salzflocken
2 EL flüssiger Honig
200 ml Crème fraîche
100 ml Sauerrahm
Frisch gemahlener schwarzer
    Pfeffer nach Belieben

COLE SLAW

Der Beilagensalat Nummer eins! Zu Sandwich, Gegrilltem oder Fleisch, Fisch und Hühnchen. Der Trick ist, nicht zu viel Mayo und Sauerrahm zu verwenden und nicht zu viel zu mischen.

Den Weißkohl sehr fein schneiden. Die Karotte mit einem Kartoffelschäler in lange Streifen schneiden. Den Apfel in feine Scheiben schneiden. In einer großen Schüssel vermischen.

Essig, Senf, Dillsamen und Meerrettich in einer anderen Schüssel vermischen. Mayonnaise und Sauerrahm untermischen und mit Salz und Pfeffer abschmecken.

Das geriebene Gemüse vorsichtig unterheben. Nicht zu viel mischen, sonst wird der Salat nur schwer und matschig.

HAMBURGER-DRESSING

Fluffig. Klassisch. Rosa. Was jeder gute Burger braucht.

Alle Zutaten mischen und im Kühlschrank 1 Stunde ziehen lassen.

BLUE-CHEESE-DRESSING

Lecker zu Spinatsalat, Quiche, gegrilltem Fleisch, Hühnchen oder als Dipsauce. Ein kleiner Klecks reicht.

Den Käse in eine Schüssel bröckeln. Gehackten Apfel hinzufügen. Die Walnüsse zerstoßen und in der Butter kurz anbraten, ohne sie zu verbrennen. 1 Prise Salzflocken darüberstreuen. Mit dem Honig beträufeln, umrühren und zum Abkühlen auf einen Teller geben. Crème fraîche und Sauerrahm vermischen und unter die Käsemischung heben. Die Walnüsse einrühren, wenn sie abgekühlt sind. Mit grob gemahlenem schwarzem Pfeffer aus der Mühle abschmecken.

Junk-Tipp!

Falls Sie keinen jungen Weißkohl bekommen, den es nur im Sommerhalbjahr
gibt, können Sie natürlich auch normalen
verwenden. Er ist härter, aber Sie können
den fein geschnittenen Kohl mit sauberen Händen zusammen mit Salzflocken
und einem Löffel Öl kneten. Dann wird er
weich und zart wie ein Babypopo!

REGISTER

DANKE

Lars, meinem lieben Mann, für die Idee und dafür, dass du die fantastischsten Gerichte hervorzauberst, auch wenn der Kühlschrank einmal leer ist. Liebe!

Ulrika, meiner ständigen Inspirationsfreundin. Alles wird so schön durch deine Linse. Respekt!

Jonas, formsicher wie keiner und immer mit einer großen Portion Humor. Beeindruckend!

Großes Dankeschön an Ylva Porsklev, die mir beim Kochen geholfen hat und die Fritteuse in Gang hielt.